D0868295

LE CORDON BLEU

▪ SAVEURS D'HIVER ▪

KÖNEMANN

sommaire

4
Salade de pleurotes chaudes

6
Bortsch aux pirojki

8
Pot-au-feu

10
Flans de truite, sauce ciboulette et citron

12
Noix de Saint-Jacques à la dieppoise

14
Consommé aux quenelles de poulet

16
Terrine campagnarde

18
Bœuf Wellington

20
Médaillons d'agneau sauce groseille

22
Côtelettes de porc à la sauge

24
Canard rôti aux navets

26
Blanquette d'agneau à la crème d'ail

28
Rôti de bœuf et puddings Yorkshire

30
Gratin de saumon aux poireaux et pommes de terre

32
Porc à la normande

34
Agneau rôti jardinier

36
Tourte à la viande de bœuf et aux rognons

38
Roulades de veau farcies

40
Ragoût d'agneau aux pommes de terre

43
Tarte à la mélasse et aux amandes

44
Gâteau à la rhubarbe et au gingembre, sauce caramel

47
Tartelettes aux fruits au sirop à la vanille

48
Pudding vapeur à l'orange

51
Pavé au chocolat et aux marrons

52
Poires pochées au vin rouge

54
Gâteau de riz

56
Tourte au méli-mélo de fruits frais

59
Beignets aux pommes

60
Pommes meringuées au coulis de framboise

62
Techniques du chef

 facile demande un peu d'attention ❖❖❖ difficile

Salade de pleurotes chaudes

Facile à préparer, cette salade est néanmoins un subtil mélange de consistance et de saveur. De délicieuses pleurotes chaudes dressées sur un lit de feuilles de laitue croquantes, arrosées de vinaigrette et parsemées de chips de céleri-rave constituent une entrée originale aussi bien qu'un plat délicat et léger pour un déjeuner.

*Préparation **20 minutes***
*Cuisson **20 minutes***
*Pour **4 à 6 personnes***

1/2 céleri-rave
Quelques gouttes de jus de citron
400 g de pleurotes
200 g de mesdun
25 ml de vinaigre balsamique
115 ml d'huile d'olive de qualité supérieure
Huile, pour grosse friture
4 échalotes hachées

1 Éplucher le céleri-rave avant de l'émincer finement en tranches égales et laisser tremper dans un saladier rempli d'eau froide relevée de jus de citron. Réserver.

2. Découper les champignons en gros morceaux. Nettoyer les feuilles de salade, les égoutter et les sécher sur du papier absorbant ou dans une essoreuse. Mettre au frais pour préserver leur croquant.

3 Préparer la vinaigrette en versant d'abord le vinaigre dans un bol ; saler, poivrer et fouetter énergiquement. Verser ensuite doucement 100 ml d'huile en un fin filet continu, sans cesser de remuer, afin d'obtenir une émulsion. Si la vinaigrette est trop relevée, rajouter un peu plus d'huile.

4 Préchauffer à 180°C une grande friteuse ou une poêle profonde, remplie au tiers d'huile. Vérifier la température en y jetant une seule tranche de céleri-rave émincé, égouttée et séchée : l'huile est à bonne température si elle se met à bouillonner vivement.

5 Égoutter et bien sécher le céleri-rave émincé. Installer un quart des émincés dans le panier et plonger dans l'huile. Laisser cuire environ 3 minutes, le temps que les chips de céleri soient dorées et craquantes, en remuant de temps en temps pour les colorer uniformément. Retirer de la friteuse et laisser égoutter sur du papier absorbant. Répéter l'opération avec le reste d'émincés de céleri-rave, en procédant par fournées. Saler les chips de céleri-rave tant qu'ils sont encore chauds.

6 Mettre le reste d'huile d'olive à chauffer dans une grande poêle à frire ; ajouter les échalotes et laisser cuire doucement, le temps qu'elles fondent et deviennent transparentes, mais sans les faire dorer. Augmenter le feu, ajouter les champignons et remuer vigoureusement 6 à 8 minutes.

7 Composer la salade en mélangeant bien les feuilles à la vinaigrette avant de dresser dans les assiettes. Napper d'une cuillère de préparation aux champignons et à l'échalote et parsemer de chips de céleri-rave. Servir sans attendre, quand les champignons sont encore chauds.

Bortsch aux pirojki

Il existe différentes versions de cette soupe traditionnelle des pays de l'Est ; sa couleur caractéristique lui vient de son principal ingrédient : la betterave. Elle est servie avec des pirojki, chaussons russes aux pommes de terre et aux oignons.

Préparation **1 heure + 45 minutes de repos**
   + 1 heure de réfrigération
Cuisson **1 heure**
Pour 4 à 6 personnes

PIROJKI
135 g de farine
7 g de levure fraîche ou 14 g de levure déshydratée
2 cuil. à soupe de lait chaud
1 œuf battu
45 g de beurre, à température ambiante
200 g de pommes de terre
1 petit oignon détaillé en petits dés
1 œuf battu
Huile, pour grosse friture

BORTSCH
1,25 l de bouillon brun (voir page 63)
**2 betteraves, d'environ 275 g chacune, pelées et
   grossièrement râpées**
2 blancs d'œufs
1 cuil. à soupe de sel
1/2 cuil. à café de sucre
2 cuil. à soupe de jus de citron
Ciboulette fraîche ciselée, pour décorer

1   Pour préparer la pâte, tamiser la farine avec une pincée de sel dans un saladier. Mélanger la levure et le lait et remuer pour obtenir un mélange liquide. Verser le lait dans l'œuf battu, puis ajouter à la farine et malaxer le tout en une pâte lisse et collante. Pétrir 1 minute jusqu'à obtention d'une consistance moelleuse avant d'incorporer et d'y fondre 15 g de beurre. Recouvrir d'un film plastique et laisser reposer 30 minutes au chaud, le temps que la pâte lève. Battre la pâte et la mettre ensuite au réfrigérateur au moins 1 heure ou toute une nuit.

2   Préparer la garniture des pirojki en épluchant d'abord les pommes de terre et en les plongeant dans une grande casserole d'eau salée. Porter à ébullition puis baisser le feu et laisser mijoter 20 à 25 minutes, jusqu'à ce qu'elles soient tendres sous la pointe d'un couteau. Égoutter les pommes de terre, découper en petits dés et réserver. Dans une petite casserole, faire fondre le reste de beurre avant d'y ajouter l'oignon, puis couvrir et laisser fondre doucement 5 minutes. Porter à feu moyen, retirer le couvercle et laisser cuire encore 2 à 3 minutes, jusqu'à ce que les oignons aient légèrement doré. Retirer du feu, incorporer les dés de pommes de terre, saler et assaisonner généreusement de poivre fraîchement moulu. Laisser refroidir.

3   Pour le bortsch, mettre le bouillon, la betterave, les blancs d'œufs, le sel, le sucre, le jus de citron et un peu de poivre noir fraîchement moulu dans une grande casserole. Faire chauffer lentement tout en remuant, jusqu'à formation d'écume en surface ; porter doucement à ébullition. Retirer du feu et réserver 5 minutes.

4   Chemiser une passoire d'un linge propre et l'installer sur une casserole. Filtrer la soupe et jeter le contenu du linge. Assaisonner à volonté en rajoutant plus de sucre ou de jus de citron pour une saveur aigre-douce. Réserver.

5   Sur un plan de travail bien fariné, abaisser la pâte des pirojki sur 3 mm d'épaisseur et découper à l'aide d'un emporte-pièce des cercles de 6 cm de diamètre – vous devriez obtenir 8 à 12 cercles. Badigeonner les bords de chaque cercle d'un peu d'œuf battu et déposer une cuillère à café de garniture sur chaque moitié. Replier en chaussons, pincer les bords pour bien les sceller et laisser reposer les pirojki 10 à 15 minutes sur une plaque de cuisson légèrement farinée, à température ambiante.

6   Préchauffer à 180 °C une grande friteuse ou poêle, remplie d'huile au tiers. Faire dorer les pirojki par fournées avant de les égoutter sur du papier absorbant et réserver au chaud. Réchauffer la soupe et verser dans des bols chauds. Parsemer de ciboulette ciselée et servir accompagnée de pirojki.

Pot-au-feu

Cette recette, dont le nom signifie littéralement « mettre le pot sur le feu » ; la longue et lente cuisson de ce grand classique emplit la cuisine de délicieux parfums. On peut remplacer les légumes traditionnels utilisés dans cette recette par des légumes de saison ou de votre choix.

*Préparation **30 minutes***
*Cuisson **2 heures 45***
Pour 6 à 8 personnes

2 petits poireaux
1 branche de céleri ou 1/2 petit céleri-rave
8 à 10 grains de poivre noir
5 à 6 graines de coriandre
1/2 petit chou vert ou blanc découpé en quatre
250 g de queue de bœuf détaillée en petits morceaux
750 g de plat de côtes de bœuf
1 petit jarret de veau
25 g de sel
1 petit oignon piqué de 2 clous de girofle
1 gousse d'ail
Bouquet garni (voir page 63)
2 carottes découpées en morceaux de 5 cm
1 navet ou 1 rutabaga épluché et découpé en quatre

1 Nouer le poireau et le céleri, ou le céleri-rave, en un bouquet. Installer les grains de poivre et les graines de coriandre dans un petit sachet de mousseline noué, et réserver. Déposer le chou dans une grande casserole et le recouvrir d'eau froide. Porter à ébullition, laisser cuire 3 minutes avant d'égoutter et de rincer sous l'eau froide ; réserver.

2 Rincer toute la viande et les os avant de les mettre dans un grand faitout et de recouvrir d'eau froide. Porter à ébullition, retirer du feu et égoutter. Rincer à nouveau la viande avant de la remettre dans le faitout et recouvrir de 3,5 l d'eau froide. Saler et porter à ébullition. Dégraisser et retirer l'écume en surface. Ajouter l'oignon, l'ail, le bouquet garni et le sachet de grains de poivre et de graines de coriandre. Laisser mijoter au moins 1 h 45 à tout petit feu.

3 Ajouter carotte, navet, chou, poireau et bouquet de céleri. Laisser cuire 30 minutes de plus, le temps que la viande soit tendre. Retirer et jeter le bouquet garni et le sachet d'épices. Égoutter viande et légumes, réserver le bouillon. Disposer la viande dans un grand plat, entourée des légumes, et présenter le bouillon dans une soupière.

Conseils du chef La tradition veut que l'on accompagne ce plat de cornichons ou de pickles, ainsi que de gros sel pour relever la viande.

Le bouillon peut être enrichi de pommes de terre vapeur.

Flans de truite, sauce ciboulette et citron

Ces flans légers et délicatement parfumés accompagnés d'une sauce au beurre citronnée onctueuse
constituent une entrée raffinée qui ne manquera pas d'impressionner amis et invités.

*Préparation **30 minutes***
*Cuisson **30 minutes***
Pour 4 personnes

FLANS DE TRUITE
Feuilles fraîches de persil de Naples, pour décorer
300 g de truite pelée, nettoyée et arêtes retirées
1/4 de cuil. à café de sel
Pincée de poivre de Cayenne
1 œuf
150 ml de crème fraîche épaisse
200 ml de lait

SAUCE CIBOULETTE ET CITRON
1 échalote finement hachée
Jus d'un citron
150 g de beurre, glacé et découpé en petits dés
1 cuil. à soupe de ciboulette fraîche, finement hachée

1 Préchauffer le four à 160 °C (thermostat 2-3). Préparer quatre petits ramequins de 8 x 4 cm et découper quatre cercles de papier sulfurisé, de même diamètre. Graisser les ramequins avant de les chemiser de papier sulfurisé badigeonné de beurre ramolli, en veillant à supprimer toutes les poches d'air. Coller une ou deux feuilles de persil sur le papier sulfurisé et réserver au réfrigérateur.

2 Commencer à préparer le flan en découpant la truite en dés de 1 cm et mixer cette chair avec sel, poivre de Cayenne et œuf. Mixer jusqu'à obtention d'une pâte onctueuse. Racler les bords du bol à l'aide d'une spatule et mixer à nouveau. Machine en marche, ajouter la crème et le lait, et arrêter le moteur une fois le liquide bien incorporé – cette préparation doit avoir l'aspect d'une pâte à cake. Passer au chinois dans un pot.

3 Verser dans les ramequins et tapoter chaque récipient sur la surface de travail pour évacuer toutes bulles d'air. Lisser en surface et transférer les ramequins dans un petit plat à gratin chemisé d'une ou deux feuilles de papier essuie-tout, en espaçant suffisamment les ramequins. Remplir le plat à gratin d'eau bouillante jusqu'à mi-hauteur des ramequins ; enfourner et laisser cuire 15 à 20 minutes. Insérer ensuite la lame d'un petit couteau au centre des ramequins durant 3 secondes. Si la lame qui en ressort est brûlante, les flans sont prêts. Retirer les ramequins de leur bain d'eau chaude et laisser reposer. Maintenir au chaud.

4 La sauce se prépare en mettant d'abord les échalotes et le jus de citron dans une petite casserole. Verser 2 cuillères à soupe d'eau et porter à ébullition ; laisser réduire 5 à 7 minutes, presque jusqu'à totale évaporation. Baisser le feu, puis ajouter en battant le beurre, quelques morceaux à la fois, sans laisser la sauce bouillir. Filtrer dans une casserole, saler et assaisonner de poivre blanc fraîchement moulu. Juste avant de servir, ajouter en fouettant la ciboulette.

5 Décoller les flans des ramequins à l'aide d'un petit couteau. Démouler ensuite chaque flan dans son assiette. Retirer délicatement le papier, napper de sauce tout autour et servir aussitôt.

Conseil du chef Pour une sauce légèrement colorée, remplacer le poivre noir par du poivre blanc.

Noix de Saint-Jacques
à la dieppoise

Dieppe est réputée pour ses spécialités aux fruits de mer.
Ces recettes sont généralement composées de crevettes,
moules, champignons et vin blanc.

Préparation **1 heure**
Cuisson **50 minutes**
Pour 4 personnes

1 grosse échalote hachée
400 ml de vin blanc
2 branches de thym frais
1 feuille de laurier
250 g de moules grattées et ébarbées
250 g de petites crevettes crues, décortiquées et déveinées
20 coquilles Saint-Jacques, décoquillées, veine noire retirée
250 g de champignons de Paris émincés
200 ml de crème fraîche épaisse
1 cuil. à soupe de persil frais de Naples, haché

1   Dans un grand faitout, mettre l'échalote, le vin, le thym, la feuille de laurier et les moules. Porter à ébullition, baisser le feu et laisser mijoter couvert, le temps que les moules s'ouvrent, en remuant délicatement une ou deux fois. Retirer les moules et laisser refroidir, en jetant celles qui sont restées fermées.

2   Chemiser une passoire à fin tamis à l'aide d'un linge propre et filtrer le liquide dans une grande casserole. Jeter le contenu du linge avant de bien le rincer et de le réinstaller.

3   Faire mijoter le liquide. Ajouter les crevettes, remuer et ajouter les noix de Saint-Jacques. Couvrir et laisser mijoter 5 minutes, jusqu'à ce que les fruits de mer soient fermes. Retirer et réserver. Décoquiller les moules et réserver.

4   Filtrer le liquide de cuisson à travers le linge dans une casserole. Porter à ébullition, ajouter les champignons et laisser cuire environ 25 minutes, le temps d'une évaporation presque totale. Verser la crème et laisser bouillir 5 minutes. Ajouter les fruits de mer et faire mijoter jusqu'à ce que la préparation soit brûlante. Assaisonner à volonté et incorporer le persil juste avant de servir.

Consommé aux quenelles de poulet

Un consommé, bouillon clair de viande ou de poisson, se doit d'être limpide et parfumé à souhait.
Il est ici servi avec de délicates quenelles de poulet et décoré de cerfeuil.

Préparation 30 minutes + réfrigération
Cuisson 2 heures 40
Pour 4 à 6 personnes

1 poulet d'environ 1,75 kg
1 poulet fermier (hauts-de-cuisses)
2 à 3 abattis, excepté le foie (facultatif)
1 grosse carotte
1 gros oignon piqué d'un clou de girofle
1 branche de céleri
1 poireau
1 tomate mûre
Brin de thym frais
5 branches de persil frais
1 feuille de laurier
6 grains de poivre noir
2 gousses d'ail écrasées
1/2 cuil. à soupe de brandy
Brins de cerfeuil frais, pour décorer

QUENELLES
1 blanc d'œuf
75 ml de crème fraîche épaisse
Pincée de noix muscade fraîchement râpée

CLARIFICATION
1 petite carotte hachée
1/2 branche de céleri hachée
1/2 poireau haché
1 tomate hachée
3 blancs d'œufs légèrement battus

1. Détacher la chair de la poitrine du poulet et jeter la peau. Réserver au réfrigérateur pour les quenelles. Désosser les hauts-de-cuisses et jeter toute peau et graisse. Hacher la viande, couvrir et mettre au réfrigérateur en vue de la clarification.

2 Dans une grande casserole, déposer le reste de chair de poulet et les os, ainsi que les abattis. Recouvrir de suffisamment d'eau froide et porter à ébullition. Égoutter, rincer à l'eau froide et remettre dans la casserole.

3 Ajouter la totalité des légumes, ainsi que thym, persil, feuille de laurier, grains de poivre et ail ; verser 3,5 l d'eau et saler. Porter à ébullition, réduire le feu et laisser mijoter doucement 1 h 30 à 2 heures, en écumant de temps en temps. Laisser ensuite refroidir, puis retirer le poulet et réserver. Filtrer le bouillon (il devrait en rester environ 1,5 l) dans une casserole propre et jeter tout ingrédient solide. Mettre au réfrigérateur et dégraisser ensuite en surface.

4 Préparer les quenelles en mixant tout d'abord les blancs de poulet. Ajouter le blanc d'œuf et mixer jusqu'à obtention d'un mélange lisse et fin. Transférer dans un bol, lui-même déposé sur un autre bol rempli d'eau glacée, avant de monter la préparation en crème. Saler et poivrer et assaisonner de noix muscade.

5 Dans une grande casserole, mettre le bouillon à mijoter. Vérifier l'assaisonnement de la préparation aux blancs de poulet avant de former des quenelles, selon les *Techniques du chef*, page 62. Faire pocher les quenelles 5 minutes, par fournées, dans le bouillon frémissant, le temps qu'elles soient assez fermes pour être retirées avec une écumoire. Les installer dans une assiette, couvrir et réserver.

6 Assaisonner encore légèrement le bouillon. Pour le clarifier, ajouter la chair des hauts-de-cuisses, la carotte hachée, le céleri, le poireau, la tomate et les blancs d'œufs. Bien mélanger. Porter doucement à ébullition tout en remuant, jusqu'à ce que les blancs d'œufs se figent en une pellicule légèrement mousseuse. Réduire le feu au minimum et laisser mijoter 20 à 25 minutes.

7 Sans écraser les ingrédients solides, filtrer délicatement le bouillon à travers une passoire chemisée de mousseline dans une casserole propre ; jeter les ingrédients solides. Faire réchauffer le consommé et verser le brandy. Déposer les quenelles dans des bols individuels, verser une louche de consommé et décorer de cerfeuil.

Terrine campagnarde

Ce pâté de consistance grossière tire son nom du plat creux rectangulaire dans lequel il est cuit.
Les terrines de viande sont souvent riches en porc et graisse de porc, pour éviter que la viande ne s'assèche.

*Préparation **30 minutes + 2 nuits de réfrigération***
*Cuisson **50 minutes***
*Pour **6 à 8 personnes***

20 g de beurre

2 gousses d'ail hachées

2 échalotes hachées

3 brins de thym frais

1 petite feuille de laurier

200 g de graisse de porc en petits dés

150 g de foie de veau, d'agneau ou de bœuf, en petits dés

400 g de filet de porc en petits dés

40 ml de brandy

50 ml de vin blanc

1/2 cuil. à café de sel

1/4 de cuil. à café de noix muscade moulue

50 g de chapelure fraîche

1 cuil. à soupe de lait

1 œuf battu

20 tranches de poitrine fumée, pour chemiser

1 Faire fondre le beurre dans une casserole à petit feu. Mettre à chauffer l'ail, les échalotes, le thym et la feuille de laurier avec la graisse de porc, le foie et les dés de filet. Laisser cuire doucement 3 à 5 minutes. Ajouter le brandy, le vin blanc, le sel, la noix muscade, poivrer légèrement. Bien mélanger pour enrober uniformément la viande ; la préparation doit chauffer sans brûler. Laisser refroidir avant de réserver toute une nuit au réfrigérateur.

2 Préchauffer le four à 180 °C (thermostat 4). Envelopper d'aluminium une planche de bois ou un morceau de carton rigide (de la même taille que le haut d'une terrine de 1 l). Mettre la chapelure à tremper dans le lait.

3 Retirer le thym et la feuille de laurier de la préparation. Hacher grossièrement la viande par à-coups au mixeur, avant de la mettre dans un saladier. Mélanger l'œuf battu à la chapelure avant de l'incorporer à la viande. Bien remuer.

4 Chemiser la terrine graissée de tranches de poitrine fumée, en les faisant dépasser de chaque côté. Verser la préparation de viande, recouvrir des tranches de poitrine fumée, en ajoutant une couche supplémentaire. Couvrir de papier sulfurisé. Installer le moule dans un plat à rôtir rempli à moitié d'eau chaude et enfourner 30 à 40 minutes. Pour vérifier la cuisson, insérer quelques secondes la pointe d'un couteau au cœur de la terrine : si elle en ressort brûlante, la terrine est cuite ; sinon prolonger la cuisson de 5 minutes ou plus, si nécessaire.

5 Retirer la terrine du four et la laisser refroidir 20 minutes. Installer la planche ou le carton sur le dessus du moule, lesté d'une grosse boîte de conserve. Placer le tout au réfrigérateur pour la nuit. Avant d'être servie, la terrine doit reposer au moins 30 minutes à température ambiante. À présenter dans le moule, ou démoulée, sur un plateau ou une assiette.

Bœuf Wellington

Le bœuf Wellington est le nom donné au filet de bœuf légèrement recouvert d'une duxelle (échalotes et champignons cuits au beurre) et/ou d'un pâté de foie, enveloppé d'une pâte feuilletée et dorée au four.

Préparation **1 heure + 15 minutes de réfrigération**
Cuisson **1 heure 15 minutes**
Pour 6 personnes

1,6 kg de bœuf dans le filet
120 ml d'huile
1 petite carotte hachée
1 petit oignon, haché
1 petit poireau haché
50 ml de madère ou de xérès sec
500 ml de bouillon brun (voir page 63)
50 g de beurre
2 échalotes finement hachées
1 gousse d'ail finement hachée
500 g de champignons de Paris finement hachés
800 g de pâte feuilletée
10 tranches de jambon de Parme
1 œuf battu

1   Préchauffer le four à 220 °C (thermostat 7). Retirer et réserver l'étroite bande musculeuse le long de l'aloyau. Retirer et jeter la membrane de tissu conjonctif avant de ficeler l'aloyau tout les 2 cm.

2   Hacher grossièrement la viande réservée. Mettre à chauffer 1 cuillerée à soupe d'huile dans une poêle peu profonde, ajouter la viande hachée, la carotte, l'oignon et le poireau hachés. Laisser frire et dorer. Verser et déglacer la poêle avec le madère, puis faire mijoter et réduire quelques minutes jusqu'à obtention d'une sauce sirupeuse. Verser le bouillon. Porter à ébullition, puis réduire le feu et laisser mijoter 1 heure, le temps de préparer le bœuf Wellington.

3   Placer une sauteuse allant au four sur feu vif et verser l'huile. Saisir rapidement l'aloyau dans l'huile bien chaude, sur toutes ses faces. Assaisonner suffisamment avant d'enfourner environ 5 minutes, pour une cuisson à point, 10 minutes pour une viande bien cuite ou 15 minutes pour une viande très cuite. (Les temps de cuisson varient selon l'épaisseur de la viande). Retirer la viande de la sauteuse et la laisser refroidir complètement.

4   Mettre le beurre à fondre dans une casserole pour cuire doucement les échalotes, 1 à 2 minutes, sans les faire brûler. Ajouter l'ail et les champignons et laisser cuire la duxelle à petit feu, jusqu'à ce que les liquides exprimés se soient évaporés. La duxelle doit être à peine « humide ». Réserver.

5   Abaisser la pâte sur une surface légèrement farinée, en un rectangle de 35 x 60 cm, d'une épaisseur de 5 mm. Déposer la pâte sur une plaque de cuisson, recouvrir d'un film plastique et placer au réfrigérateur 15 minutes.

6   Transférer la pâte sur le plan de travail. Afin d'éviter que la pâte ne se chevauche trop une fois l'aloyau enveloppé, découper chaque coin et réserver les chutes de pâte ; penser à laisser suffisamment de place au centre pour la viande. La pâte ainsi préparée formera une croix. Aplatir les débords de pâte au rouleau à pâtisserie.

7   Sur la pâte, déposer les tranches de jambon et recouvrir d'une légère couche de la moitié des champignons. Ficeler l'aloyau, assaisonner généreusement avant de l'installer au centre de la pâte, puis recouvrir avec le reste de champignons. Rabattre les débords de jambon sur l'aloyau. Badigeonner les débords de pâte d'œuf battu et les rabattre l'un sur l'autre de façon à envelopper totalement la viande.

8   Déposer le tout sur une plaque de cuisson légèrement beurrée, côté pli non apparent. Avec la pâte réservée, former de fines et longues lanières pour décorer de croisillons le dessus de la préparation. Badigeonner à nouveau d'œuf et pratiquer une petite entaille sur le haut pour obtenir une pâte plus croustillante. Saisir 5 minutes à four chaud, puis réduire la température (200 °C/thermostat 6) et prolonger la cuisson 20 minutes.

9   Retirer du four et laisser reposer 10 minutes au chaud. Écumer la sauce bouillonnante avant de la filtrer dans une saucière. Émincer le Bœuf Wellington et servir sans attendre.

Médaillons d'agneau sauce groseille

Ce plat sans égal, mariant les parfums de la groseille et de l'agneau, peut sembler fastidieux à élaborer.
Il n'en est rien, tout le secret réside dans un lent et long mijotage.

Préparation 45 minutes + toute une nuit de marinade
Cuisson 2 h 10
Pour 4 personnes

16 côtes premières (dans le filet, de préférence)
ou 1 selle (demander au boucher de désosser,
de parer, de hacher les os et de réserver les chutes)
Huile, pour friture
1 cuil. à soupe de concentré de tomates
1 cuil. à soupe de sucre
1 cuil. à soupe de vinaigre de vin rouge
1 cuil. à café de poivre noir du moulin
2 cuil. à soupe de gelée de groseilles
250 ml de bouillon brun (voir page 63)

MARINADE
1 carotte en dés
1 oignon en dés
1 branche de céleri en dés
1 échalote en dés
2 tomates en dés
4 baies de genièvre
4 gousses d'ail fendues en deux
1 cuil. à soupe de vinaigre de vin rouge
1 cuil. à soupe d'huile
Bouquet garni (voir page 63)
1,5 l de vin rouge corsé

1 Installer les os et les chutes de viande dans un grand saladier, avec tous les ingrédients de la marinade, vin excepté. Dans une casserole, porter le vin à ébullition avant de le verser dans la marinade. Laisser refroidir, puis ajouter les côtes et faire mariner toute une nuit ou 2 jours maximum.

2 Retirer la viande de la marinade, la tamponner pour la sécher, recouvrir d'un film plastique et placer au réfrigérateur jusqu'à utilisation. Filtrer la marinade dans une casserole, réserver les os et les légumes. Porter à ébullition, réduire le feu et laisser mijoter doucement.

3 Mettre 2 cuillères à soupe d'huile à chauffer dans une grande casserole. Faire brunir les os à feu moyen, 10 à 15 minutes, jusqu'à évaporation de tout liquide, en remuant régulièrement pour éviter qu'ils ne brûlent. Débarrasser la casserole de tout excès de graisse et remettre les os à cuire, avec les légumes, 2 à 3 minutes, le temps qu'ils dorent légèrement. Incorporer le concentré de tomates et laisser cuire 1 minute.

4 Filtrer la marinade brûlante dans la casserole et porter à ébullition en raclant le fond pour détacher et dissoudre les sucs de cuisson. Verser suffisamment d'eau pour bien recouvrir les os, réduire le feu et laisser mijoter 1 heure, en écumant régulièrement. Filtrer la sauce au chinois, jeter les os et les légumes. Mettre à cuire environ 20 minutes, jusqu'à ce qu'il ne reste plus que 250 ml de liquide ; écumer régulièrement.

5 Faire dissoudre le sucre dans une casserole à fond épais, 2 à 3 minutes à feu moyen, jusqu'à caramélisation. Retirer du feu, verser le vinaigre sans attendre, en veillant à ne pas respirer les vapeurs qui se dégagent. Bien remuer pour unifier le caramel, ajouter le poivre, la moitié de la gelée de groseilles, le bouillon et la marinade réduite. Laisser mijoter 5 minutes, puis passer au chinois dans une casserole propre. Cuire 5 minutes de plus, la sauce suffisamment épaissie doit pouvoir napper le dos d'une cuillère. Incorporer le reste de gelée. Saler et garder au chaud.

6 Détailler les côtes en 16 médaillons d'environ 2,5 cm d'épaisseur. Mettre à chauffer dans une poêle à frire, à feu moyen vif, 2 cuillères à soupe d'huile. Saler et assaisonner de poivre du moulin les médaillons, avant de les saisir 2 à 3 minutes de chaque côté. Servir accompagné de sauce bien chaude.

Côtelettes de porc à la sauge

La sauge, herbe aromatique fortement parfumée,
s'harmonise ici à merveille avec l'acidité de la moutarde.

Préparation **15 minutes**
Cuisson **45 minutes**
Pour 4 personnes

4 côtelettes de porc découpées dans le carré,
   d'environ 180 g chacune
8 feuilles fraîches de sauge
30 g de beurre
Huile, pour la cuisson
2 échalotes finement hachées
2 cuil. à café de miel blond
Jus de 1/2 citron
200 ml de vin blanc
350 ml de bouillon brun (voir page 63)
2 cuil. à soupe de moutarde de Dijon

1 Préchauffer le four à 180 °C (thermostat 4). Dégraisser les côtelettes, saler et poivrer. Réserver les quatre feuilles de sauge les plus jolies pour la décoration et hacher finement les autres.

2 Dans une sauteuse allant au four, mettre le beurre et une cuillère à soupe d'huile à chauffer. Faire dorer les côtelettes des deux côtés à feu moyen avant de les enfourner pour les rôtir 15 minutes.

3 Une fois cuites, retirer les côtelettes de la sauteuse, couvrir et garder au chaud. Ajouter les échalotes et laisser cuire 2 à 3 minutes sur feu moyen, sans les roussir, puis ajouter le miel et le jus de citron ; laisser cuire jusqu'à obtention d'une consistance sirupeuse.

4 Verser le vin tout en raclant bien pour déglacer le fond de la sauteuse. Verser le bouillon et laisser mijoter 10 à 15 minutes, le temps qu'il réduise de moitié. Incorporer la moutarde en fouettant, en veillant à ne pas laisser la sauce bouillir.

5 Filtrer la sauce, incorporer la sauge hachée et rectifier l'assaisonnement. Napper les côtelettes de sauce et décorer chacune d'une feuille de sauge ; servir sans attendre.

Canard rôti aux navets

Pour garder les filets d'un canard bien juteux, mieux vaut le faire rôtir de chaque côté avant de le remettre sur le dos.
La poitrine salée et les navets sucrés ajoutent à la perfection de ce plat savoureux.

*Préparation **40 minutes***
*Cuisson **1 heure 40 minutes***
*Pour **4 personnes***

1,5 kg de canard troussé (demander au boucher)
Huile, pour la cuisson
60 g de beurre ramolli
200 g d'abattis de canard (ailerons ou cous) hachés
1 kg de navets
300 g de poitrine en dés de 1 cm
20 g de beurre
1 cuil. à café de sucre
1 échalote hachée
1 cuil. à soupe de céleri haché
1 cuil. à soupe de carotte hachée
1 cuil. à soupe d'oignon haché
750 ml de bouillon de poulet (voir page 62)
Bouquet garni (voir page 63)

1   Préchauffer le four à 200 °C (thermostat 6). Verser 2 cuil. à soupe d'huile dans une brassière. Assaisonner le canard, le badigeonner d'huile et l'installer, sur le côté, dans le plat. Parsemer le canard de beurre ramolli avant d'enfourner et de rôtir 20 minutes, en l'arrosant toutes les 5 minutes. Retourner le canard et laisser rôtir 20 minutes de plus, en l'arrosant toujours toutes les cinq minutes. Le mettre ensuite sur le dos, ajouter les abattis et faire rôtir 15 minutes encore en l'arrosant régulièrement.

2   Éplucher les navets et à l'aide d'une cuillère parisienne prélever des billes de chair. Plonger ces billes dans l'eau froide avant utilisation.

3. Dans une poêle à frire, mettre un peu d'huile à chauffer et faire dorer la poitrine à feu moyen. Égoutter et réserver. Égoutter et sécher les navets avant de les installer dans la poêle avec le beurre, le sucre et un peu de sel. Recouvrir d'eau froide et cuire à feu vif jusqu'à évaporation. Faire rouler les navets jusqu'à ce qu'ils soient bien enrobés et brillants. Retirer du feu, ajouter la poitrine et réserver.

4   Retirer le canard de la braisière ; couvrir et garder au chaud. Retirer également et égoutter les abattis. Ne garder que 2 cuillères à soupe d'huile et les jus de cuisson du canard dans le plat et mettre sur petit feu 10 minutes, le temps que les jus soient collants et la graisse claire.

5   Ajouter les abattis et les légumes hachés et laisser cuire 2 minutes. Ajouter le bouillon et le bouquet garni ; bien mélanger et verser dans le plat. Porter à ébullition, baisser le feu et laisser mijoter, en dégraissant de temps en temps, 20 à 30 minutes, le temps que la sauce ait réduit de moitié. Filtrer et jeter tout ingrédient solide ; assaisonner et garder au chaud.

6   Retirer la ficelle et dresser le canard dans un plat. Réchauffer la poitrine et les navets et disposer autour du canard. Napper la moitié de la sauce sur la poitrine et les navets et servir le reste de sauce en accompagnement.

Conseil du chef Pour découper un canard, se reporter aux *Techniques du chef*, page 63.

Blanquette d'agneau à la crème d'ail

*La blanquette de veau, fierté du patrimoine gastronomique français, est ici mise au goût du jour : l'agneau
vient remplacer le veau et l'ail y insuffle une saveur chaleureuse.*

*Préparation **20 minutes***
*Cuisson **1 heure 40 minutes***
Pour 6 personnes

1 épaule d'agneau, d'environ 1,5 kg, désossée
1 carotte
1 petit oignon
1 branche de céleri
1 brin de thym frais ou 1/2 cuil. à café de thym déshydraté
Feuille de laurier
1 cuil. à café de sel
10 à 12 grains de poivre
8 gousses d'ail non épluchées
100 ml d'huile d'olive
30 g de beurre
30 g de farine
300 ml de crème fleurette
Persil frais finement haché, pour décorer

1 Retirer l'excès de graisse de l'agneau et découper la viande en dés de 3 cm. Déposer ces dés dans une grande casserole en Pyrex avec la carotte, l'oignon, la branche de céleri, le thym, la feuille de laurier, le sel et les grains de poivre. Verser de l'eau froide jusqu'à 2,5 cm au dessus de la viande et des légumes. Porter à ébullition avant de baisser le feu et laisser mijoter environ 1 h 10, en écumant en surface.

2 Pendant ce temps, mettre le four à chauffer à basse température. Placer les gousses d'ail dans un petit plat et napper d'huile d'olive. Laisser cuire 40 minutes, le temps que l'ail se ramollisse. Égoutter et éplucher les gousses avant de les écraser dans un tamis pour obtenir une purée.

3 Filtrer et réserver le liquide. Jeter les légumes et garder l'agneau au chaud. Reverser le liquide dans la casserole et laisser mijoter 20 minutes à petit feu, jusqu'à réduction de moitié, en dégraissant.

4 Dans une casserole, mettre le beurre à fondre à petit feu. Ajouter la farine et laisser cuire 1 minute. Verser le liquide de cuisson réduit et fouetter jusqu'à ébullition. Ajouter la crème et mélanger jusqu'à obtention d'une consistance lisse avant d'ajouter la purée d'ail. Filtrer la sauce et assaisonner à volonté de sel et de poivre fraîchement moulu. Dresser l'agneau dans un plat de service creux et napper de sauce. Saupoudrer de persil et servir sans attendre.

Rôti de bœuf et puddings Yorkshire

On ne peut qu'être séduit par ce plat traditionnel britannique où le rôti de bœuf est accompagné de croquants mini-gâteaux dorés et légèrement relevés d'une crème au raifort ! Découper le bœuf à table ajoutera à la magie de ce plat.

Préparation 40 minutes + 30 minutes de repos
Cuisson 1 heure 40 minutes
Pour 4 à 6 personnes

PUDDINGS YORKSHIRE
175 ml de lait
175 g de farine
2 œufs

Huile, pour la cuisson
1,5 kg d'aloyau de bœuf, roulé et ficelé

CRÈME AU RAIFORT
120 ml de crème fleurette, à fouetter
40 g de raifort frais, râpé
Quelques gouttes de jus de citron

SAUCE
1 carotte hachée
1 oignon haché
1 branche de céleri hachée
1 poireau haché
1 feuille de laurier
2 brins de thym frais
3 grains de poivre
500 ml de bouillon brun (voir page 63)

1 Préchauffer le four à 220 °C (thermostat 7). Préparer les puddings Yorkshire en mélangeant le lait à 125 ml d'eau. Tamiser la farine et un peu de sel dans un bol et former un puits au centre. Ajouter les œufs et commencer à fouetter. Au fur et à mesure que la préparation épaissit, verser le lait et l'eau tout en fouettant, jusqu'à obtention d'une pâte lisse. Verser dans un pot, couvrir et laisser reposer 30 minutes.

2 Sur feu vif, mettre environ 3 cuil. à soupe d'huile à chauffer dans une braisière. Ajouter l'aloyau, graisse vers le bas, et faire dorer en le retournant. Transférer la viande dans le four et, tout en la retournant et l'arrosant chaque quart d'heure, faire rôtir 30 minutes pour une cuisson bleue, 45 minutes pour une cuisson à point et 1 heure pour une viande bien saisie.

3 Préparer la crème au raifort en fouettant doucement la crème fleurette en neige. Incorporer délicatement le raifort râpé et assaisonner de sel, de poivre fraîchement moulu et du jus de citron. Ne pas trop travailler la crème, elle serait trop épaisse. Transférer dans un saladier de service, couvrir et mettre au frais.

4 Transférer le bœuf sur un plat, le recouvrir sans l'enfermer d'une feuille d'aluminium et laisser reposer 10 à 15 minutes avant de découper. Vider la graisse en n'en gardant qu'une cuillère à soupe pour badigeonner l'équivalent de 12 moules d'une plaque à pâtisserie.

5 Mettre la plaque à pâtisserie à chauffer 2 à 3 minutes jusqu'à ce qu'elle fume un peu. Remplir chaque moule de pâte à pudding et enfourner 15 à 20 minutes, le temps qu'ils soient soufflés et dorés.

6 Pour la sauce, mettre le reste de graisse à chauffer dans la braisière sur feu vif. Ajouter les légumes et faire frire doucement 5 minutes sur feu moyen, jusqu'à ce qu'ils soient dorés, en remuant sans arrêt. Retirer du plat tout excès de graisse ; ajouter la feuille de laurier, le thym, les grains de poivre et un peu de bouillon chaud et déglacer le fond de la braisière avec une cuil. en bois. Verser le reste de bouillon chaud et laisser mijoter jusqu'à réduction de moitié, en écumant et dégraissant. Filtrer dans une casserole, jeter légumes et condiments. Écumer à nouveau, assaisonner à volonté avant de couvrir et de maintenir au chaud. (Verser dans une saucière, juste avant de servir).

7 Dresser le bœuf et les puddings dans des assiettes chaudes, cernés de sauce et de crème au raifort. Accompagner de légumes verts et de pommes de terres rôties.

Conseil du chef Laisser reposer une viande permet de la découper facilement et empêche les jus de s'écouler. Les jus produits lors du repos peuvent napper la viande, mais il ne faut pas les mélanger à la sauce : ils gâcheraient sa consistance.

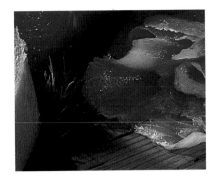

Gratin de saumon aux poireaux et pommes de terre

Un plat divin associant saumon frais et fumé, idéal pour un déjeuner ou un dîner. Une variante, plus économique mais tout aussi délicieuse, consiste à utiliser n'importe quel poisson frais, et pourquoi pas, de la morue salée.

Préparation 20 minutes
Cuisson 50 minutes
Pour 6 personnes

800 g de pommes de terre farineuses
220 g de beurre ramolli
3 petits poireaux finement émincés
150 g de filet de saumon, peau retirée
200 g de saumon fumé, en dés
300 ml de crème fleurette
100 g d'Emmental râpé
40 g de beurre, en morceaux
Brins d'aneth frais, pour décorer

1 Éplucher les pommes de terre avant de les plonger dans une grande casserole d'eau salée. Porter à ébullition, puis réduire le feu et laisser mijoter 20 à 25 minutes ; vérifier la cuisson en les piquant avec la pointe d'un couteau. Égoutter et écraser finement les pommes de terre ou les réduire en purée au moulin à légumes ou au presse-purée. Incorporer la moitié du beurre ramolli et garder au chaud.

2 Faire fondre l'autre moitié du beurre ramolli dans une poêle à frire, à petit feu. Cuire doucement les poireaux, 2 à 3 minutes, sans les laisser colorer. Égoutter l'excès de beurre avant d'étaler uniformément les poireaux dans un plat à gratin ovale. Réserver.

3 À l'aide d'une pince à épiler, retirer les fines arêtes du saumon frais. Placer le filet de poisson dans un panier vapeur, couvrir et laisser cuire 5 à 10 minutes, le temps qu'il change de couleur et que sa chair se détache facilement à la fourchette. Réduire le filet en miettes et incorporer, avec le saumon fumé, à la purée de pommes de terre.

4 Préchauffer le gril du four à haute température. Dans une casserole, porter la crème à ébullition avant de la mélanger à la préparation au saumon et à la pomme de terre. Remuer énergiquement, assaisonner à volonté. Transférer le tout dans le plat à gratin et parsemer d'Emmental râpé. Déposer quelques copeaux de beurre et installer sous le gril du four 2 à 3 minutes, pour bien dorer. Servir décoré de brins d'aneth.

Conseil du chef Dans cette recette, la morue peut remplacer le saumon. Rincer la morue et la mettre à tremper toute une nuit avant de la pocher dans du lait avec quelques brins de thym frais, une feuille de laurier et quelques gousses d'ail. Égoutter la morue avant de l'émietter, puis l'ajouter à la purée de pomme de terre.

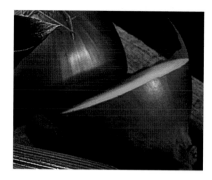

Porc à la normande

Tout le monde a pu un jour apprécier les fameuses pommes issues des vergers normands. En toute logique,
la cuisine de Normandie utilise ces fruits dans nombre de recettes, mais aussi de la crème, du cidre
ou encore du calvados – ou parfois même les associe, comme dans ce plat prestigieux.

*Préparation **25 minutes***
*Cuisson **55 minutes***
*Pour **4 personnes***

2 petites pommes, type Golden
Jus d'un demi citron
80 g de beurre
600 g de filets de porc
Huile, pour la cuisson
1 oignon haché
1 carotte hachée
Brin de thym frais
1 feuille de laurier
350 ml de cidre brut
20 ml de calvados ou de brandy parfumé à la pomme
375 ml de crème fraîche épaisse

1 Éplucher et évider les pommes, en réservant cœurs et pelures. Découper les fruits en dés de 1 cm (ne rien jeter) et mélanger au jus de citron. Dans une poêle à frire non adhésive, mettre la moitié du beurre à fondre et faire cuire les pommes 5 minutes à feu moyen, le temps qu'elles dorent. Égoutter et transférer dans une assiette en étalant bien les fruits de façon à ce qu'ils refroidissent plus vite.

2 Parer les filets de porc, sans jeter les chutes. Découper la viande en médaillons épais et bien assaisonner.

3 Dans une grande poêle à frire, mettre le reste de beurre et une cuillère à soupe d'huile à chauffer. Faire cuire les médaillons 8 minutes de chaque côté à feu moyen, jusqu'à ce qu'ils prennent une jolie couleur. Les retirer de la poêle, recouvrir d'une feuille d'aluminium, réserver et garder au chaud.

4 Ajouter les chutes de porc dans la poêle et les faire roussir 5 à 7 minutes. Retirer l'excès de graisse de la poêle avant d'y ajouter les déchets de pommes, l'oignon, la carotte, le thym et la feuille de laurier. Laisser cuire 5 à 7 minutes à feu moyen.

5 Verser le cidre et le calvados et cuire 5 minutes, jusqu'à réduction de moitié. Ajouter la crème, baisser le feu et laisser mijoter 10 minutes. Passer la sauce en jetant les ingrédients solides et laisser mijoter 1 minute encore avant d'ajouter les dés de pommes cuites. Cuire 2 minutes supplémentaires puis assaisonner à volonté. Maintenir bien au chaud.

6 Transférer les médaillons de porc dans une poêle à frire. Napper de sauce et laisser mijoter 2 à 3 minutes, le temps de bien les réchauffer.

Agneau rôti jardinier

Ce rôti succulent est accompagné de poitrine, champignons, oignons grelots glacés et pommes de terre rôties.
C'est le plat idéal des repas de famille.

*Préparation **1 heure 15 minutes***
*Cuisson **1 heure***
*Pour **6 personnes***

100 ml d'huile
1 épaule d'agneau, d'environ 1,5 kg, désossée
(demander au boucher de ficeler la viande, de
hacher les os et de réserver les chutes)
1 carotte hachée
1 oignon haché
1/2 branche de céleri, hachée
2 gousses d'ail écrasées
1 brin de thym frais ou 1/4 cuil. à café de thym
déshydraté
1 feuille de laurier
300 g de poitrine
300 g d'oignons grelots ou d'oignons nouveaux
à gros bulbes, pelés
70 g de beurre
1 cuil. à soupe de sucre
300 g de champignons de Paris
1 kg de pommes de terre épluchées
375 ml de bouillon de poulet (voir page 62)
2 cuil. à soupe de persil frais haché

1 Préchauffer le four à 200 °C (thermostat 6). Dans une grande sauteuse allant au four, mettre la moitié de l'huile à chauffer sur feu vif. Assaisonner l'agneau avant de le faire dorer uniformément dans l'huile chaude. Retirer de la sauteuse et réserver. Ajouter les os et les chutes de viande dans le récipient et faire dorer le tout.

2 Dans la sauteuse, mettre la carotte, l'oignon, le céleri, l'ail, le thym et la feuille de laurier. Installer l'agneau sur les os et enfourner pour rôtir 40 minutes pour une viande bleue, ou 1 heure pour une viande à point, en arrosant l'agneau deux ou trois fois.

3 Découper la poitrine en morceaux de 3 mm. Dans une casserole, la faire légèrement dorer avant de l'égoutter. Dans une casserole moyenne, faire revenir à feu vif, les oignons grelots avec une cuillère à soupe de beurre, le sucre, 50 ml d'eau, le sel et le poivre fraîchement moulu à volonté. Laisser cuire jusqu'à évaporation de l'eau, le temps que les oignons dorent.

4 Découper les champignons en quatre avant de les faire sauter à feu vif dans une cuillère à soupe de beurre, jusqu'à ce qu'ils soient bien grillés. Assaisonner à volonté et égoutter.

5 À l'aide d'une cuillère parisienne, former des billes de pommes de terre et les déposer dans de l'eau froide pour éviter qu'elles ne noircissent ; transférer dans une casserole d'eau froide. Porter à ébullition et maintenir 1 minute à ébullition avant d'égoutter.

6 Dans un plat en Pyrex, mettre le reste d'huile à chauffer à feu vif. Une fois l'huile bien chaude, ajouter les pommes de terre et remuer pour les enrober uniformément d'huile. Laisser cuire 2 à 3 minutes, le temps qu'elles soient dorées avant de les enfourner ; laisser rôtir 20 minutes, jusqu'à ce qu'elles soient tendres. Égoutter pour évacuer l'excès de graisse et mélanger les billes de pommes de terre à une cuillère à soupe de beurre ; assaisonner à volonté.

7 Retirer l'agneau du four et laisser reposer sur une grille de cuisson. Retirer l'excès de graisse de la sauteuse, enlever les os et les déchets et placer le récipient sur feu moyen/vif. Laisser cuire 2 à 3 minutes, le temps que les légumes dorent, puis verser le bouillon tout en remuant pour dissoudre les sucs de cuisson. Poursuivre la cuisson environ 10 minutes, jusqu'à réduction du liquide au tiers. Filtrer et assaisonner à volonté.

8 Mélanger ensemble oignons grelots, pommes de terre, champignons et poitrine ; réchauffer si nécessaire. Saupoudrer de persil haché. Découper l'agneau en tranches d'environ 1 cm d'épaisseur ; servir avec légumes et poitrine dressés tout autour et la sauce en accompagnement.

Tourte à la viande de bœuf et aux rognons

Originaire du Sussex, cette recette typiquement britannique associe des bouchées de bœuf et de rognons enveloppés d'une pâte à la graisse de bœuf. Éventuellement, on peut agrémenter ce plat de champignons ou même d'huîtres.

Préparation 50 minutes
Cuisson 4 heures
Pour 6 personnes

2 cuil. à soupe de farine
500 g de tranche ou de morceau de steak, découpé en dés de 1 cm
200 g de rognons de bœuf ou de veau, parés et découpés en dés de 5 mm
50 à 75 g de champignons de Paris, coupés en quatre
2 petits oignons finement hachés
2 cuil. à soupe de persil frais haché
1 cuil. à soupe de sauce Worcestershire
60 à 125 ml de bouillon brun (voir page 63)

PÂTE À LA GRAISSE DE BOEUF
350 g de farine avec levure incorporée
175 g de graisse de bœuf, en copeaux

1 Graisser un moule à pudding de 1,5 l. Dans un grand saladier, verser la farine, saler et poivrer et mélanger avec le steak et les rognons. Ajouter les champignons, l'oignon, le persil et la sauce Worcestershire. Mélanger délicatement, assaisonner et réserver. Dans une grande casserole, installer une soucoupe ou un dessous de plat retournés, remplir d'eau au tiers et porter à ébullition.

2 Préparer la pâte à la graisse en tamisant la farine avec un peu de sel dans un saladier. Incorporer en remuant la graisse et creuser un puits. Mélanger à l'aide d'un couteau à lame ronde, puis verser progressivement l'eau pour obtenir une pâte assez ferme.

3 Sur un plan de travail bien fariné, abaisser deux tiers de la pâte pour en recouvrir le moule. Glisser délicatement la pâte dans le moule, en veillant à ne pas faire de pliures, et l'étirer par dessus les bords du récipient. Abaisser le reste de pâte en un cercle de 1,5 cm d'épaisseur et sur le même diamètre que le haut du moule. Réserver comme chapeau. Déposer la viande dans le moule chemisé de pâte en versant suffisamment de bouillon pour la recouvrir. Replier les débords de pâte sur cette garniture et humidifier légèrement, avant de déposer le chapeau, en appuyant légèrement pour bien fermer la tourte.

4 Recouvrir de papier sulfurisé, puis déposer une feuille d'aluminium, bords repliés en dessous. Recouvrir d'un linge à pâtisserie ou d'un torchon et ficeler l'ensemble bien solidement en passant sous les bords du moule enveloppé. Pour faire office de poignée, faire un nœud sur la tourte avec le reste de ficelle. Déposer sur la soucoupe installée dans l'eau frémissante et laisser cuire 4 heures à la vapeur, en rajoutant, si nécessaire, de l'eau bouillante pour empêcher que la casserole ne chauffe à vide.

5 Retirer le linge, la feuille d'aluminium et le papier et nettoyer l'extérieur du moule ; enrouler une serviette de table tout autour et servir la tourte à même le moule ou bien démoulé sur un plateau avant de l'émincer.

Roulades de veau farcies

Ces morceaux de veau farcis d'une garniture de viande émincée, de jambon et de champignons sont ici agrémentés d'une sauce tomate relevée, parfumée à l'Armagnac.

Préparation 1 heure

Cuisson 1 h 15

Pour 4 personnes

8 petites escalopes de veau, d'environ 60 g chacune

16 tranches de poitrine fumée, couenne retirée

Farine, à saupoudrer

FARCE

100 g de veau haché

100 g de filet de porc haché

20 g de beurre

2 échalotes finement hachées

100 g de champignons hachés

30 g de jambon haché

1 cuil. à soupe de crème fraîche épaisse

1 cuil. à soupe 1/2 de chapelure fraîche

30 ml d'Armagnac

SAUCE À L'ARMAGNAC

30 g de beurre

1 petite carotte hachée

1 petit oignon haché

1 branche de céleri haché

50 ml d'Armagnac

1 cuil. à soupe de concentré de tomates

40 g de farine

500 ml de bouillon de poulet ou de bouillon brun (voir pages 62 et 63)

3 tomates pelées, épépinées et hachées

Bouquet garni (voir page 63)

2 gousses d'ail hachées

1 Préchauffer le four à 200°C (thermostat 6). Parer le veau, sans jeter les chutes. Installer la viande entre deux feuilles de film plastique, bien l'envelopper avant de l'aplatir à l'aide d'un maillet.

2 Préparer la farce et mélanger d'abord les viandes hachées dans un saladier. Dans une grande casserole, mettre le beurre à fondre. Ajouter les échalotes, puis les champignons et laisser cuire à feu moyen 2 à 3 minutes, le temps que la préparation s'assèche. Mettre le jambon et laisser cuire 2 minutes. Ajouter la crème et laisser mijoter 5 minutes, jusqu'à épaississement. Retirer du feu et laisser refroidir avant d'incorporer dans la viande. Rajouter en mélangeant bien la chapelure et l'Armagnac, assaisonner à volonté.

3 Étaler sur le veau une fine couche de farce, puis rouler les tranches en petits boudins. Envelopper une lanière ou deux de poitrine autour de chaque boudin de veau avant de les ficeler en petits paquets.

4 Préparer la sauce à l'Armagnac en faisant fondre le beurre dans une grande casserole en Pyrex sur feu moyen. Ajouter la carotte, l'oignon et le céleri hachés, puis les chutes de veau et laisser cuire, sans faire dorer, jusqu'à ce que les oignons fondent. Verser l'Armagnac, laisser cuire 2 minutes, puis ajouter le concentré de tomates et cuire 1 à 2 minutes. Saupoudrer de farine et laisser cuire encore 2 minutes. Incorporer le bouillon, les tomates, le bouquet garni et l'ail. Assaisonner à volonté de sel et de poivre fraîchement moulu ; laisser mijoter 10 minutes, en écumant si nécessaire.

5 Dans une poêle à frire, mettre un peu de beurre et d'huile à fondre sur feu moyen. Saupoudrer légèrement les roulades de farine avant de les mettre à dorer dans l'huile brûlante, 1 à 2 minutes. Plonger ensuite la viande dans la sauce, enfourner et laisser cuire 25 à 30 minutes à découvert, en arrosant une ou deux fois.

6 Transférer les roulades dans un plat ; réserver et maintenir au chaud. Filtrer la sauce dans une casserole propre et faire cuire 10 minutes, en écumant sans arrêt. Retirer et jeter la ficelle et la poitrine et laisser mijoter dans la sauce 1 à 2 minutes. Émincer et servir dans des assiettes individuelles, nappé de sauce et entouré de légumes tels que carottes glacées et oignons, saupoudré de persil frais haché.

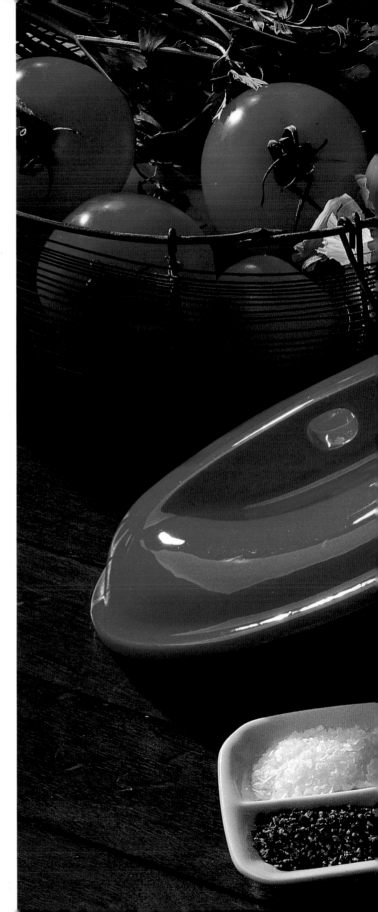

Ragoût d'agneau aux pommes de terre

Ce ragoût est le plat rêvé pour les soirées d'hiver.

Préparation **45 minutes**
Cuisson **2 heures**
Pour 4 personnes

1 kg d'épaule d'agneau désossée
2 cuil. à soupe d'huile
40 g de beurre
1 gros oignon finement haché
3 cuil. à soupe de concentré de tomates
1 cuil. à soupe de farine
2 grosses tomates pelées, épépinées et hachées
3 gousses d'ail hachées
1,5 l de bouillon de poulet (voir page 62)
Bouquet garni (voir page 63)
12 petites pommes de terre
3 cuil. à soupe de persil frais, haché

1   Préchauffer le four à 200 °C (thermostat 6). Parer l'agneau avant de le découper en dés de 2,5 cm. Dans une grande poêle à frire, mettre l'huile à chauffer et y faire revenir l'agneau à feu moyen/vif. Égoutter, couvrir et réserver.

2   Dans un plat en Pyrex, mettre le beurre à fondre et y faire cuire l'oignon 5 minutes à feu moyen, avant d'ajouter le concentré de tomates ; laisser cuire 2 minutes. Incorporer la farine et cuire 2 minutes supplémentaires. Ajouter les tomates, cuire 3 minutes et ajouter l'ail ; bien mélanger. Rajouter l'agneau et tous ses jus de cuisson.

3   Dans une casserole à part, porter le bouillon à ébullition avant de le verser dans le plat en Pyrex, puis laisser mijoter 1 à 2 minutes, en écumant. Ajouter le bouquet garni et assaisonner à volonté. Enfourner, couvrir et faire cuire 30 minutes. Découvrir et laisser encore 30 minutes au four.

4   Ajouter les pommes de terre. Laisser cuire 20 à 30 minutes de plus, le temps qu'elles soient tendres. Retirer le bouquet garni et incorporer le persil, juste avant de servir.

Tarte à la mélasse et aux amandes

Servie chaude avec un peu de crème fouettée ou quelques cuillères de crème à la vanille, cette succulente tarte sucrée sera le point d'orgue d'un repas hivernal.

*Préparation **30 minutes + 20 minutes de réfrigération***
*Cuisson **35 minutes***
*Pour **8 personnes***

PÂTE
200 g de farine
Une grosse pincée de sucre en poudre
100 g de beurre glacé et découpé en dés
1 œuf légèrement battu
Une goutte d'extrait de vanille

GARNITURE
75 g de beurre fondu
Jus et zeste finement râpée d'un citron
100 g de sirop de sucre de canne
100 g de mélasse
180 g d'amandes moulues
100 g de chapelure fraîche
1 œuf battu
60 g d'amandes effilées, pour décorer

1 Badigeonner de beurre fondu un moule à tarte à fond amovible de 22 x 2,5 cm. Préparer la pâte en tamisant d'abord la farine, le sucre en poudre et une grosse pincée de sel dans un saladier. Incorporer les dés de beurre glacé dans la farine en les travaillant à la main, jusqu'à obtention d'une préparation ayant l'aspect d'une fine chapelure.

2 Creuser un puits au centre et y verser l'œuf battu, une cuillère à café d'eau et une goutte de vanille. Pétrir lentement la pâte à la main ou mélanger à l'aide d'un couteau à lame ronde, jusqu'à obtention d'une boule grossière. Si la pâte est légèrement collante, ajouter un peu

plus de farine. Démouler sur un plan de travail frais et légèrement fariné avant de pétrir très délicatement, pas plus de 20 secondes, de façon à obtenir une pâte à peine lisse. Recouvrir d'un film plastique et mettre au moins 20 minutes au réfrigérateur avant utilisation. Préchauffer le four à température modérée (200 °C/thermostat 6).

3 Abaisser la pâte sur un plan de travail fariné sur environ 3 mm d'épaisseur. Chemiser le moule de pâte en la faisant bien adhérer aux cannelures du moule à l'aide d'une petite boule de pâte. Égaliser avec un couteau pointu ou un rouleau à pâtisserie, roulé sur le haut du moule. Découper un cercle de papier sulfurisé dépassant de 3 cm le diamètre du moule, le froisser avant de le déplier et le déposer sur la pâte de façon à ce qu'il épouse parfaitement la forme du moule.

4 Remplir le moule de riz ou de haricots cuits jusqu'au bord, puis appuyer délicatement dessus de façon à ce qu'ils restent bien fixés sur les bords. Enfourner et laisser cuire 12 à 15 minutes. Retirer le riz ou les haricots cuits et jeter le papier. Si le fond de pâte semble humide, ré-enfourner 3 à 4 minutes. Retirer la pâte du four une fois bien cuite et laisser refroidir dans le moule. Réduire la température du four à 180 °C (thermostat 4).

5 Préparer la garniture en mélangeant dans un grand saladier tous les ingrédients, excepté les amandes effilées. Remuer énergiquement jusqu'à obtention d'un mélange uniforme. Étaler dans le fond de pâte et saupoudrer d'amandes effilées. Enfourner 15 minutes, le temps que la préparation soit ferme au toucher. Retirer du four, ne pas démouler mais installer sur une grille pour laisser refroidir avant de servir.

Conseil du chef Pour obtenir une saveur plus légère, remplacer la mélasse par 100 g de sirop de sucre de canne.

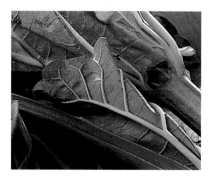

Gâteau à la rhubarbe et au gingembre, sauce caramel

La douceur du sucre roux et de la mélasse dans ce gâteau hivernal roboratif est délicieusement compensée par l'aigreur de la rhubarbe. La dose de gingembre confit varie selon les goûts.

*Préparation **20 minutes***
*Cuisson **1 heure***
Pour 8 personnes

4 œufs
100 g de sucre roux
1 cuil. à café de mélasse
100 g de farine
1 cuil. à café de gingembre confit, finement haché
300 g de rhubarbe, nettoyée et coupée en dés

SAUCE CARAMEL
200 ml de crème fraîche épaisse
150 g de sucre roux
50 g de beurre
1 cuil. à café de mélasse (facultatif)
1 morceau de gingembre confit, haché (facultatif)

1 Préchauffer le four à 170 °C (thermostat 3). Graisser un moule à manqué rond de 20 x 6 cm et chemiser son fond d'un cercle de papier sulfurisé. Remplir à moitié une casserole d'eau, porter à ébullition avant de la retirer du feu.

2 Dans un saladier en Pyrex, casser les œufs et ajouter le sucre roux ; déposer le saladier dans la casserole d'eau frémissante, en prenant garde à ce qu'il ne touche pas l'eau.

Fouetter jusqu'à ce que la préparation s'épaississe et mousse, puis retirer le saladier de la casserole ; fouetter jusqu'à refroidissement. Incorporer la mélasse en fouettant pour bien mélanger. Tamiser la farine et mélanger uniformément à la préparation, en veillant à ce que toute la farine soit bien incorporée pour éviter la formation de grumeaux. Ajouter le gingembre.

3 Saupoudrer le moule de la moitié des dés de rhubarbe et recouvrir de la préparation. Saupoudrer du reste de rhubarbe. Enfourner et laisser cuire 35 à 40 minutes, le temps que le gâteau soit ferme au toucher et qu'une pique enfoncée au centre en ressorte propre.

4 Préparer la sauce caramel en faisant d'abord chauffer la crème dans une petite casserole à petit feu pour éviter que le caramel ne forme des grumeaux, quand la crème sera ajoutée. Verser le sucre roux dans une casserole à part sur feu vif, sans cesser de remuer. Lorsque le sucre commence à fondre, retirer la casserole du feu et incorporer délicatement la crème. Ajouter le beurre en fouettant, puis éventuellement la mélasse et le gingembre. Maintenir au chaud.

5 Démouler le gâteau sur un plat et retirer le papier sulfurisé. Renverser le gâteau une nouvelle fois et servir entouré de sauce et éventuellement, d'une boule de glace à la vanille.

Conseil du chef Ce gâteau peut être congelé. Il se réchauffe également au micro-ondes, recouvert d'un film plastique.

Tartelettes aux fruits au sirop à la vanille

Les couleurs automnales des fruits secs font de ces tartelettes sablées
et fondantes un véritable régal pour l'œil.

Préparation **20 minutes + 30 minutes de repos**
Cuisson **20 minutes**
Pour 4 personnes

PÂTE SABLÉE
250 g de farine
60 g de sucre glace
1 cuil. à café de sucre vanillé (voir Conseil du chef)
170 g de beurre glacé et découpé en dés

GARNITURE AUX FRUITS
280 g de sucre
1 gousse de vanille fendue en deux
8 pruneaux dénoyautés
8 abricots secs
8 dattes dénoyautées
1 cuil. à soupe de groseilles
1 carotte très finement émincée
1 cuil. à soupe de pistaches hachées
1 cuil. à soupe de graines de sésame
1 cuil. à soupe d'amandes effilées

1 Préchauffer le four à 180°C (thermostat 4). Préparer la pâte en commençant par tamiser les ingrédients secs et un peu de sel sur un plan de travail. Creuser un puits au centre, ajouter le beurre et travailler ce mélange avec les doigts jusqu'à obtention d'une pâte pouvant être mise en boule. L'aplatir délicatement avant de la mettre entre deux feuilles de papier sulfurisé, puis l'abaisser sur 5 mm d'épaisseur. Transférer sur une plaque de cuisson et mettre au frais au moins 20 minutes.

2 Préparer la garniture aux fruits en mettant le sucre, la gousse de vanille et 265 ml d'eau dans une casserole ; porter à ébullition. Retirer du feu et ajouter les pruneaux, les abricots, les dattes, les groseilles et la carotte. Couvrir et laisser tremper 10 minutes. Retirer la gousse de vanille. Sans jeter le liquide, bien égoutter les fruits et réserver. Porter le liquide à ébullition et laisser cuire à feu vif 5 à 10 minutes, le temps qu'il réduise en sirop.

3 Retirer la feuille supérieure de la pâte et à l'aide d'un emporte-pièce cannelé, découper 4 cercles de 10 cm de diamètre et les déposer sur une plaque de cuisson graissée. Enfourner et cuire 10 minutes, juste le temps qu'ils dorent.

4 Disposer les fruits sur les tartelettes. Saupoudrer de pistaches, de graines de sésame et d'amandes effilées ; verser un filet de sirop tout autour des tartelettes dans le plat de service. Servir accompagné de mascarpone ou de crème épaisse.

Conseil du chef Pour réussir le sucre vanillé, placer simplement une gousse de vanille dans un pot de sucre en poudre.

Pudding vapeur à l'orange

Chaud, léger et richement parfumé, ce pudding éblouira de son éclat une morne journée d'hiver.
Servir avec une sauce à l'orange ou une crème anglaise.

*Préparation **30 minutes***
*Cuisson **1 h 45***
Pour 6 personnes

100 g de confiture d'oranges
2 grosses oranges épluchées et peau blanche retirée
125 g de beurre, à température ambiante
125 g de sucre en poudre
Zeste finement râpée d'une orange
2 gros œufs battus
185 g de farine avec levure incorporée
Lait, pour mélanger

SAUCE À L'ORANGE
320 ml de jus d'orange
2 jaunes d'œufs
1/2 cuil. à café de Maïzena
45 g de sucre en poudre
1 cuil. à café de Grand Marnier ou Cointreau

1   Beurrer un moule à pudding de 1,25 l de 15 cm de diamètre. Découper deux cercles de 28 cm, l'un en papier sulfurisé, l'autre dans une feuille d'aluminium. Poser le papier sur l'aluminium avant d'enduire le papier de beurre ramolli. Plier le papier et l'aluminium de façon à obtenir au centre une pliure de 2 cm qui permettra au pudding de se dilater.

2   Verser la confiture dans le moule. Émincer finement les oranges pour en chemiser le moule, en partant du fond de marmelade jusqu'au haut du récipient.

3   Dans un saladier, battre le beurre pour l'amollir à l'aide d'une cuillère en bois ou d'un fouet électrique. Ajouter peu à peu le sucre tout en battant, pour obtenir un mélange léger et mousseux. Incorporer l'écorce d'orange. Ajouter l'œuf en quatre fois, en battant bien entre chaque fournée. Tamiser ensuite dans ce saladier la farine et travailler énergiquement la préparation, à l'aide d'une grande cuillère en métal ou d'une spatule en bois. Une fois la farine bien incorporée, verser un peu de lait pour obtenir une consistance fluide : la préparation doit s'écouler de la cuillère d'un seul sursaut de poignet.

4   Transférer sans attendre la préparation dans le moule. Recouvrir des cercles de papier sulfurisé et d'aluminium, aluminium vers le haut et ficeler pour bien fermer. Dans une grande casserole, installer une soucoupe ou un dessous de plat et y déposer le moule. Remplir la casserole à moitié d'eau bouillante et porter à ébullition. Tout en veillant à ce que l'eau boue doucement en permanence et en rajoutant si nécessaire de l'eau bouillante, laisser cuire ainsi le pudding à la vapeur 1 h 30 à 1 h 45 , jusqu'à ce qu'il soit moelleux au toucher.

5   Une fois cuit, retirer délicatement le pudding de son bain-marie. Enlever la feuille d'aluminium et le papier, installer un plat chaud sur le moule et renverser délicatement le pudding pour le démouler. (Si le pudding n'est pas servi aussitôt, le mettre sous cloche pour éviter qu'il ne sèche).

6   Préparer la sauce à l'orange en amenant d'abord le jus d'orange à ébullition dans une petite casserole. Dans un saladier, battre les jaunes d'œufs avec la Maïzena et le sucre, jusqu'à obtention d'une pâte épaisse et blanchie. Verser le jus d'orange chaud dans le saladier et bien mélanger avant de remettre le tout dans la casserole. Cuire à feu moyen sans cesser de remuer avec une cuillère en bois, jusqu'à ce que la préparation adhère au dos de la cuillère et que la sauce ne se fige pas au toucher.

7   Retirer du feu et égoutter dans un saladier, puis incorporer le Grand Marnier ou le Cointreau. Si la sauce n'est pas utilisée tout de suite, la saupoudrer d'un peu de sucre en poudre pour éviter la formation en surface d'une peau. Éventuellement, incorporer le sucre juste avant de servir. Présenter la sauce, chaude ou froide, en accompagnement du pudding.

Pavé au chocolat et aux marrons

Voilà un spectaculaire dessert, digne de remplacer sur les tables de fête l'indétrônable bûche de Noël. Ce gâteau peut être congelé plus de 3 mois. Servir finement émincé.

Préparation **20 minutes + 12 heures de réfrigération**
Cuisson **10 minutes**
Pour **10 à 12 personnes**

185 g de chocolat noir de qualité supérieure, haché
90 g de beurre, à température ambiante
90 g de sucre en poudre
400 g de crème de marrons non sucrée en boîte
1/4 de cuil. à café d'extrait de vanille
1/4 de cuil. à café de café soluble, dissous dans
**   1 cuil. à café d'eau chaude**
30 ml de rhum
Chocolat noir de qualité supérieure, en copeaux
Baies fraîches ou quartiers d'oranges, pour décorer

1   Graisser un moule à cake de 7,5 x 17 x 7,5 cm. Chemiser le fond du moule de papier sulfurisé, avant de huiler celui-ci.

2   Mettre le chocolat dans un saladier en Pyrex, déposé dans une casserole remplie à moitié d'eau bouillante. Retirer la casserole du feu, mélanger le chocolat jusqu'à ce qu'il ait bien fondu, puis retirer le saladier et laisser refroidir 5 minutes.

3   Dans un saladier à part, battre le beurre pour le ramollir avant d'ajouter le sucre et de battre à nouveau, pour blanchir et aérer le mélange. Incorporer en fouettant la crème de marrons jusqu'à ce qu'elle se fonde à la préparation, puis ajouter le chocolat fondu et bien mélanger. Incorporer la vanille, le café et le rhum. Transférer la préparation dans le moule chemisé, lisser en surface avant de recouvrir d'un film plastique ou d'une feuille d'aluminium ; mettre 12 heures au réfrigérateur.

4   Au moment de servir, détacher le pavé des bords du moule à l'aide d'une petite spatule ou d'un couteau à lame ronde ; démouler le gâteau et retirer le papier. Confectionner quelques copeaux de chocolat noir pour décorer le pavé. Émincer et servir accompagné de baies ou de quartiers d'orange.

Poires pochées au vin rouge

Idéal pour clôturer en beauté un repas, ce dessert haut en couleurs aura plus d'allure encore en faisant pocher quelques pruneaux avec les poires dans cette sauce au vin relevée.

*Préparation **45 minutes***
*Cuisson **50 minutes***
Pour 4 personnes

1,5 l de vin rouge corsé
425 g de sucre
2 bâtons de cannelle
1 gousse de vanille
1 clou de girofle
Zeste d'un citron
Zeste d'une orange
4 poires
2 cuil. à soupe de gelée de groseilles
2 oranges
Feuilles de menthe fraîche, pour décorer
Framboises ou groseilles fraîches, pour décorer

1 Dans un faitout en Pyrex, porter à ébullition le vin avec 300 g de sucre, les épices, les zestes de citron et d'orange.

2 Éplucher les poires, sans toucher aux queues et en extraire la base à l'aide d'un économe ou d'un petit couteau. Mettre les poires dans le vin chaud, couvrir d'une feuille d'aluminium ou de papier sulfurisé et laisser mijoter 20 minutes à petit feu, le temps que les poires soient tendres au contact d'un couteau, en retournant et en arrosant les fruits si le liquide ne les recouvre pas totalement. (Ici, le temps de cuisson est fonction de leur maturité). Retirer les poires du vin et laisser refroidir.

3 Porter le vin à ébullition, puis réduire le feu et laisser mijoter 15 minutes, le temps d'une réduction du liquide au tiers. Ajouter la gelée de groseilles et la laisser se dissoudre totalement ; filtrer et laisser refroidir.

4 À l'aide d'un économe, confectionner de fines pelures d'orange en évitant de récolter la partie blanche amère. Découper le zeste en très fines lanières et les plonger dans une casserole d'eau froide. Porter à ébullition, puis égoutter et bien rincer sous l'eau froide. Égoutter et réserver. Dans la même casserole, mélanger le reste de sucre avec 250 ml d'eau et maintenir à ébullition jusqu'à dissolution complète du sucre. Ajouter le zeste égoutté, réduire le feu et laisser mijoter 2 à 3 minutes, le temps que le sirop épaississe et que le zeste ait absorbé le sucre et semble translucide.

5 Dresser les poires dans un plat de service et napper de sauce au vin. Saupoudrer de fines lanières de zeste d'orange, décorer de menthe, puis de framboises et de groseilles.

Conseil du chef Pour des poires de couleur plus sombre, laisser tremper dans le liquide toute une nuit.

Gâteau de riz

Ce grand classique, si simple à préparer, doit cuire lentement au four, de façon à ce que le riz absorbe tout le liquide. Le résultat est à la hauteur de la plus exigeante gourmandise, tendre et crémeux.

*Préparation **5 minutes + 30 minutes de repos***
*Cuisson **2 heures***
Pour 4 personnes

750 ml de lait
20 g de sucre en poudre
2 à 3 gouttes d'extrait de vanille
75 g de riz rond
5 g de beurre
Noix muscade fraîchement râpée, à volonté

1 Dans une tourtière ou un plat en Pyrex d'une contenance de 750 ml, mélanger le lait, le sucre, la vanille et le riz ; laisser reposer 30 minutes. Préchauffer le four à température modérée (175 °C/thermostat 3).

2 Parsemer la préparation de beurre, saupoudrer un peu de noix muscade et recouvrir d'une feuille d'aluminium. Installer le plat à mi-hauteur dans le four et laisser cuire 1 heure, en remuant une ou deux fois à l'aide d'une fourchette.

3 Retirer la feuille d'aluminium et réduire la température du four à 150 °C (thermostat 2). Si le gâteau doit être servi froid, laisser cuire encore 45 minutes avant de le retirer du four ; laisser refroidir avant de le mettre au réfrigérateur. Si le gâteau est consommé chaud, laisser cuire une bonne heure, le temps qu'il gratine et qu'à l'intérieur, il soit tendre et crémeux. Servir chaud accompagné d'une cuillère à café d'une confiture de fraises de qualité supérieure, ou froid accompagné de baies rouges ou de fruits en compote, de prunes par exemple.

Conseils du chef Si le gâteau de riz est trop sec, rectifier sa consistance avant de servir en soulevant simplement sur l'un de ses côtés la peau et en y versant un peu de lait froid.

Pour varier les saveurs, remplacer la vanille et la noix muscade par de la cannelle ou saupoudrer de 15 g de raisins de Smyrne ou encore d'un assortiment de zestes hachés, incorporés au riz avant cuisson.

Tourte au méli-mélo de fruits frais

Cette tourte est un somptueux mélange de chair de tout un assortiment de fruits frais ; raffinée autant que délicieuse, elle est servie chaude accompagnée de crème fouettée, nappant élégamment les fruits au cœur de la couronne de pâte brisée.

Préparation **30 minutes + 50 minutes de réfrigération**
Cuisson **45 minutes**
Pour 6 à 8 personnes

GARNITURE DE FRUITS

**1 petite pomme type Granny Smith, épluchée et
    coupés en dés**
1 petite poire mûre épluchée et coupée en dés
30 g d'un assortiment de zestes
120 g de raisins secs
120 g de groseilles
120 g de raisins de Smyrne
120 g de raisins noirs, épépinés
30 g d'amandes coupées en deux
30 g de noix grossièrement hachées
Une pincée de noix muscade
Une pincée d'assortiment d'épices
90 g de sucre roux
Zeste râpée et jus d'une demi orange
Zeste râpée d'un demi citron
30 ml de brandy
15 g de beurre fondu

PÂTE BRISÉE

300 g de farine
150 g de beurre glacé et découpé en dés
1 œuf légèrement battu
1 à 2 gouttes d'extrait ou d'essence de vanille

1 blanc d'œuf
Sucre en poudre, pour décorer
250 ml de crème fleurette, à fouetter

1 Préchauffer le four à 210°C (thermostat 6-7). Badigeonner une tourtière de 23 x 3 cm de beurre fondu avant de la déposer sur une plaque de cuisson.

2 Préparer la garniture de fruits en plaçant tous les ingrédients dans un grand saladier. Mélanger profondément et réserver.

3 Préparer la pâte brisée en tamisant d'abord la farine et une grosse pincée de sel dans un grand saladier. Travailler les dés de beurre dans la farine jusqu'à ce que la préparation ressemble à une fine chapelure. Creuser un puits au centre et verser l'œuf, la vanille et 10 ml d'eau. Pétrir lentement la pâte pour en faire une boule grossière. Si la pâte colle légèrement, rajouter un peu de farine. Poser sur un plan de travail légèrement fariné et pétrir très délicatement 20 secondes au plus, le temps qu'elle soit lisse. Recouvrir d'un film plastique et mettre au frais, au moins 20 minutes avant utilisation.

4 Sur un plan de travail fariné, abaisser deux tiers de pâte en un cercle dépassant de 2 cm la largeur du moule. Chemiser celui-ci de pâte, tout en appuyant bien sur les bords, puis passer un rouleau à pâtisserie pour détacher les débords. Égoutter soigneusement la garniture de fruits avant d'en remplir la pâte à l'aide d'une écumoire.

5 Abaisser le reste de pâte en un cercle de 22 cm de façon à ce qu'il épouse exactement le moule. À l'aide d'un emporte-pièce de 9 cm, découper un trou au centre de la pâte ; jeter cette chute de pâte. Déposer ce cercle sur la garniture aux fruits, pincer pour souder les bords des deux cercles de pâte et mettre 30 minutes au réfrigérateur.

6 Enfourner et laisser cuire 30 à 35 minutes. Monter les blancs en neige, retirer la tarte du four et badigeonner la pâte d'œuf. Saupoudrer généreusement de sucre en poudre et enfourner 10 minutes supplémentaires, le temps que la tourte dore et cristallise.

7 Transférer sur un plat et démouler. Fouetter la crème et en verser une cuillère dans le trou au centre du gâteau. Servir la tarte chaude accompagnée du reste de crème, à part.

Conseil du chef Il est impératif d'égoutter soigneusement la garniture de fruits à l'étape 4 de cette recette, de façon à ce que la tourte ne soit pas détrempée.

Beignets aux pommes

Une idée pour agrémenter un petit repas familial : des pommes émincées, baignées de Calvados, enrobées de sucre et nappées d'une pâte légère et dorée. Succès garanti !

Préparation **35 minutes**
Cuisson **20 minutes**
Pour 6 à 8 personnes

5 à 6 pommes type Golden, épluchées et évidées
140 g de sucre
100 ml de Calvados
300 g de farine
2 cuil. à soupe de Maïzena
2 œufs
250 ml de bière
1 cuil. à soupe d'huile
Huile, pour grosse friture
4 blancs d'œufs
50 g de sucre glace, à saupoudrer

1 Émincer les pommes évidées en cercles de 1 cm dans la largeur. Dans un saladier, mélanger 100 g de sucre au Calvados. Tremper les pommes dans cette préparation et réserver.
2 Dans un saladier, tamiser la farine, la Maïzena et un peu de sel. Creuser un puits au centre, ajouter les œufs et commencer à incorporer à la farine tout en fouettant ; ajouter ensuite la bière, sans cesser de fouetter, jusqu'à ce que la pâte soit lisse et sans grumeaux. Incorporer l'huile et réserver.
3 Mettre une friteuse ou une casserole à chauffer (170 °C), remplie d'huile au tiers. Battre les blancs en neige, puis ajouter le reste de sucre et battre jusqu'à obtention d'une pâte lisse et brillante. Incorporer cette préparation à la pâte à l'aide d'une cuillère en métal. (La préparation doit devenir très épaisse).
4 Égoutter les pommes et les éponger sur du papier absorbant. Tremper chaque émincé dans la pâte avant de le jeter dans l'huile bien chaude ; procéder par fournées, et laisser cuire le temps que chaque beignet soit doré, en les retournant pour qu'ils soient dorés des deux côtés. Égoutter sur du papier absorbant, saupoudrer de sucre glace et servir chaud.

Pommes meringuées au coulis de framboise

La couronne croustillante de meringue de ce dessert abrite une garniture suave et moelleuse. Lors de dîners de fête,
faire flamber les pommes au brandy ou au rhum pour remplacer – ou compléter – le coulis de framboise.

Préparation **45 minutes**
Cuisson **40 minutes**
Pour 4 personnes

250 g de sucre en poudre
Zeste râpé de 1/4 de citron
1/2 gousse de vanille fendue en deux
4 grosses pommes
15 g de beurre
15 g de raisins de Smyrne hachés
15 g d'une assortiment de zestes hachés
15 g de dattes dénoyautées ou de prunaux
  ou d'abricots séchés, hachés
2 blancs d'œufs
250 g de framboises fraîches
2 à 3 cuil. à soupe de sucre glace, pour saupoudrer
Jus d'un citron, à volonté

1 Dans une casserole, mettre 150 g de sucre, le zeste de citron et la vanille avec 315 ml d'eau. Remuer sur le feu pour que le sucre fonde. Porter à ébullition, puis réduire et laisser mijoter.

2 Éplucher et évider les pommes puis les mettre dans la casserole et bien les enduire de sirop. Couvrir et faire pocher 10 minutes, le temps qu'elles soient tendres, en les arrosant de temps en temps. Retirer les pommes et laisser refroidir. Réserver le sirop.

3 Dans une casserole, mettre le beurre à fondre ; ajouter les fruits hachés et assez de sirop pour humidifier. Laisser cuire à petit feu 4 minutes. Verser une cuillère de la préparation dans les pommes et installer celles-ci bien séparées sur une plaque de cuisson légèrement graissée. Préchauffer le four à haute température (160 °C/thermostat2-3).

4 Préparer la meringue en montant d'abord dans un saladier profond les blancs d'œufs en neige. Ajouter 50 g de sucre, 2 cuillères à café à la fois, tout en fouettant entre chaque fournée pour obtenir une consistance lisse et satinée. Incorporer dans l'une des fournées le reste de sucre et travailler la préparation pour bien mélanger.

5 À l'aide d'une douille équipée d'un embout étoilée de 1 cm, former une spirale de meringue autour de chaque pomme, en partant de la base et en laissant un trou tout en haut. Sinon, déposer une cuillère à soupe de meringue et sculpter un petit dôme. Saupoudrer de sucre glace, enfourner et laisser cuire 20 minutes, le temps que la meringue dore légèrement.

6 Préparer le coulis en réduisant d'abord en purée les framboises et le sucre glace au mixer. Filtrer au chinois pour retirer les graines, puis verser le jus de citron, à volonté. Servir les pommes meringuées brûlantes ou chaudes dans des assiettes individuelles, entourées de coulis de framboises.

Conseil du chef Si ce n'est pas la saison des framboises, utiliser des framboises – ou tout autre baie rouge – surgelées.

Techniques du chef

◆

Former des quenelles

Ces petites bouchées ovales constituent un plat à part entière ou agrémentent les consommés.

Tester la consistance de la pâte à quenelles en faisant cuire une cuillère à café de la préparation dans le bouillon frémissant.

Égoutter et couper en deux au couteau pour vérifier l'état de cuisson. Goûter pour parfaire l'assaisonnement.

Pour former les quenelles, prélever un peu de pâte à l'aide d'une cuillère et la transférer dans une autre. Rouler ainsi la quenelle en un mouvement de va-et-vient entre les deux cuillères, jusqu'à obtention d'un ovale à trois faces.

Humidifier la cuillère vide pour mieux prélever la quenelle de la première cuillère et la plonger dans le bouillon frémissant. Répéter l'opération avec le reste de la préparation.

Préparer un bouillon de poulet

Délicieux et riche en saveurs, un bouillon fait-maison peut être le point d'orgue d'un plat.

Découper 750 g d'os et carcasse de poulet avant de les mettre dans une casserole avec un oignon grossièrement haché, une carotte et une branche de céleri. Ajouter 6 grains de poivre, un bouquet garni et 4 litres d'eau.

Porter à ébullition et laisser mijoter doucement 2 à 3 heures, en écumant en surface à l'aide d'une grande cuillère. Passer le bouillon dans un saladier propre et laisser refroidir.

Mettre le bouillon au frais toute une nuit ; dégraisser. Éventuellement, en cas de manque de temps, éponger la surface du bouillon brûlant filtré avec du papier essuie-tout pour retirer la graisse. Pour 1,5 à 2 litres.

Préparer un bouillon brun

Les os rôtis donnent une belle couleur au bouillon et participe à le dégraisser.

Faire griller 40 minutes 1,5 kg d'os de bœuf ou de veau, à four très chaud (230 °C/thermostat 8). Ajouter 1 oignon découpé en quartiers, 2 carottes hachées, 1 poireau haché et 1 branche de céleri ouverte en deux et hachée.

Transférer dans une casserole propre. Ajouter 4 l d'eau, 2 cuillères à soupe de concentré de tomates, le bouquet garni et 6 grains de poivre. Laisser mijoter 3 à 4 heures, en écumant régulièrement.

À l'aide d'une louche, passer le bouillon au chinois dans un saladier. Presser doucement sur le dépôt pour exprimer tout le liquide et mettre au réfrigérateur. Retirer la graisse figée en surface. Pour 1,5 à 2 l de bouillon.

Congeler un bouillon

Il se conserve plus de 3 jours au réfrigérateur. Il peut aussi se congeler 6 mois en plusieurs portions.

Après l'avoir dégraissé, faire bouillir jusqu'à réduction à 500 ml. Laisser refroidir et congeler jusqu'à solidification. Transférer dans un sac congélation et fermer. Pour 2 litres de bouillon, ajouter 1,5 l d'eau à 500 ml de bouillon concentré.

Découper un canard

Les canards ont les cuisses peu charnues. Le découpage permet de servir à chaque convive sa part de blanc.

Installer le canard, poitrine vers le haut sur une planche à découper. Stabiliser le canard à l'aide d'une fourchette de découpage, découper les cuisses avec un gros couteau.

Détacher les ailes à l'articulation au niveau de l'épaule.

Basculer légèrement la carcasse pour mieux émincer la chair des blancs. Répéter l'opération de l'autre côté.

Bouquet garni

Le parfum et les arômes des herbes d'un bouquet garni frais transcendent un plat.

Envelopper sans serrer la partie verte d'un poireau autour d'une feuille de laurier, d'un brin de thym, de quelques feuilles de céleri et de quelques tiges de persil ; ficeler le tout. Laisser un long bout de ficelle dépasser pour pouvoir le retirer.

Copyright © 1998 Design et Photographie : Murdoch Books, 213 Miller Street, North Sydney NSW 2060
Copyright © 1998 pour les textes : Le Cordon Bleu

Les remerciements de Murdoch Books et *Le Cordon Bleu* s'adressent aux 32 chefs de toutes les écoles Le Cordon Bleu, notamment à :
Chef Cliche (MOF), Chef Terrien, Chef Boucheret, Chef Duchêne (MOF), Chef Guillut,Chef Steneck, Paris ;
Chef Males, Chef Walsh, Chef Hardy, Londres ; Chef Chantefort, Chef Bertin, Chef Jambert, Chef Honda, Tokyo ;
Chef Salembien, Chef Boutin, Chef Harris, Sydney ; Chef Lawes, Adelaide ; Chef Guiet, Chef Denis, Ottawa.
Leur expertise a permis la réalisation du présent ouvrage.

Tous droits réservés. Aucune partie de ce livre ne peut être reproduite sous quelque forme
ou par quelque moyen électronique ou mécanique que ce soit, y compris des systèmes de stockage d'information
ou de recherche documentaire, sans l'autorisation écrite de l'éditeur.

Managing Editor : Kay Halsey
Series Concept, Design and Art Direction : Juliet Cohen

L'éditeur et *Le Cordon Bleu* remercient Carole Sweetnam pour sa contribution à la réalisation de cette série.

Titre original : Le Cordon Bleu - Home Collection - Winter

Photo de couverture : Pudding vapeur à l'orange

© 1998 pour l'édition française
Könemann Verlagsgesellschaft mbH
Bonner Str. 126, D 50968 Cologne

Traduction : Francine Sirven, Toulouse
Réalisation : Studio Pastre, Toulouse
Lecture : Cécile Carrion, Cologne
Chef de Fabrication : Detlev Schaper
Impression et reliure : Sing Cheong Printing Co., Ltd.
Imprimé en Chine (Hong Kong)

ISBN 3-8290-0604-7

10 9 8 7 6 5 4 3 2

INFORMATION

NOTE : Les doses indiquées en cuillère à soupe correspondent à une contenance de 20 ml. Si la cuillère à soupe a une contenance de 15 ml, la différence restera minime dans la plupart des recettes. Pour celles qui exigent de la levure chimique, gélatine, bicarbonate de soude et farine, ajouter une cuillère à café supplémentaire pour chaque cuillère à soupe mentionnée.

IMPORTANT : Les effets causés par la salmonelle peuvent être dangereux, surtout pour les personnes âgées, les femmes enceintes, les enfants en bas âge et les personnes souffrant de déficience du système immunitaire. Il est conseillé de demander l'avis d'un médecin à propos de la consommation d'œufs crus.